뜨락의 양지

뜨락의 양지

이원문 시집

책나무출판사

목차

1부

낙엽의 하늘 · 9
하늘의 적막 · 10
젊은날의 그림 · 11
초승달 언덕 · 12
찬 서리 · 13
가을의 음지 · 14
기차길 운명 · 16
낙엽의 밤 · 19
그 냇가 · 20
가을 끝무리 · 22
북망산천 · 24
결혼식의 하늘 · 25
겨울 길목 · 26
계절의 꿈 · 27
답 · 28
배추밭의 달 · 29
파란 기억 · 30
바느질의 밤 · 31
12월의 짐 · 32
갯바위의 꿈 · 33

2부

항구의 이야기 · 37
인생의 바다 · 38
두 번의 미련 · 39
12월의 하늘 · 40
달력의 계절 · 42
그 단풍 · 43
나에게 쓰는 편지 · 44
외딴집 하늘 · 46
서쪽 하늘 · 47
석양의 동무 · 48
세월의 그림자 · 50
나뭇가지의 그리움 · 51
따개비 · 52
거미의 삶 · 53
세월의 양지 · 54
파란 겨울 · 55
아내의 송년 · 56
그림자의 송년 · 59
고향의 송년 · 60

3부

겨울 밤 · 65
글 읽는 밤 · 66
사랑의 노을 · 68
까치의 하늘 · 69
저무는 경자년 · 70
동지의 밤 · 71
세월의 그 노을 · 72
한숨의 송년 · 75
송년의 거울 · 76
세경의 선달 · 78
코로나19의 밤 · 80
하얀 거울 · 81
삼척의 밤 · 82
첫 그림자 · 83
누렁이 소의 추억 · 84
새해의 밤 · 88
초가의 선달 · 89
0의 마음 · 90
고향의 눈 · 91
쌀독 · 92

4부

시려운 기억 · 97
초가의 친구들 · 98
허기의 노을 · 100
어머니의 파도 · 102
하얀 그리움 · 104
동무의 선달 · 106
선달의 봄 · 108
선달의 비 · 109
그 양지 · 110
고드름의 일기 · 112
고향의 그림자 · 113
절기의 계절 · 114
까치의 선달 · 116
외로운 선달 · 118
선달의 백년 · 121
기억의 바다 · 122
선달의 구름 · 124
마음의 노을 · 125
어머니의 선달 · 126
민들레의 양지 · 127

• 1부 •

낙엽의 하늘

이리 빙글 저리 빙글
그러다 곤두박질
파란 하늘의 허공도
그 시간의 몇초도
몇 곱을 곱을 해야
그 파랬던 시간인가

단 몇초에 끝이라는 시간
그 시간 안에는 밝음도 있었고
밤이라 하는 어둠도 있었는데
그 어둠에서 무엇 하고 있었나
이 시간을 위한 그 짧은 꿈이었고
놓치 않으려는 나뭇가지의 밤이었나

아니면 놓치지 않으려는 낙엽의 기회였나
더 있고 싶어도 있을 수 없는 시간
놓치면 무엇하고 놓은들 무엇하랴
바람이 털어 여기 저기 굴려 모으면
다음이 없는 그날 서릿발 옷 입히고
며칠 후 그 다음은 흰눈 속의 꿈일 것을

하늘의 적막

다시 보는 이 세상
아주 오래 전 그날
그 해의 초겨울이었는데
늦가을의 초겨울
감나무잎 다 떨어졌고
꼭데기로는 연시 몇개만
하늘을 바라보고 있었다

나는 쌓아놓은
짚까리 양지에서
검둥개와 볕 쬐고
높은 하늘에는
매 한 쌍이 맴돌고 있어그런지
들리던 꿩 울음도
마당 끝 닭 울음도 들리지 않았다

젊은날의 그림

나의 꿈에 넣은 그림
무엇을 더 얼마나
잘못 그리지 않았을까

누구도 볼 수 없던
혼자만의 그림
오늘을 위해 그렸던 그림

이제 모두 바래어
하나 둘 흐려지고
뚜렸한 그림마저 서산에 걸쳐 있다

초승달 언덕

어둠에 가려
모두가 잠든 세상
자정 넘은 새벽녘
두서너시쯤일까

반달 밑 초승달
마주 보이고
머리 위 그 옛 별
더 영롱히 반짝인다

아무도 없는 세상
혼자만의 이 세상
초승달 선명히
어찌 저리 밝을까

멍석 위의 그 별
옛 자리에 변함 없고
더 딛어 오른 언덕
초승달 마중 온다

찬 서리

이 가을 떠나기 전
어느 곳을 다녀 올까
오래 전 그 마음에
추억 찾을 설레임일까
벼르고 벼르다
이 날 저 날 다 놓치고
가을도 깊다 못해
끝 자락이 더 짧다

그래도 한 번쯤
다녀 와야 할 가을
잃어 가는 고운 단풍
어느 추억 찾아 갈까
때 놓친 메뚜기의 가을
그 황금 들녘마저
찬서리가 지우고
설레임의 늦가을 더 저문다

가을의 음지

낙엽 한 두잎
힘 없이 떨어지고
드러나는 나뭇가지
석양에 쓸쓸하다

한때는 눈길 주어
아름답다 했는데
가을이라는 끝 시간
세월은 안 그런가

그마저 저무는 하루
그 하루도 그렇고
허무한 순리의 시간
그렇게 되어야 하는 것인지

부채질의 바람까지
낙엽 굴리는 저녁바람
마지막이라 하기 보다
다음을 위한 준비의 시간인가

서산에 걸치는 해
그 무엇이 다를까
나뭇가지의 저녁 노을
어둠으로 가린다

기차길 운명

누구도 딛을 수 없는
열차만이 다니는 길

가까이는 곧았어도
멀리 보면 휘어진 길

휨 없이 갈 수 없는
삐뚤지 않은 길

추워도 더워도
장해물이 없는 길

더러는 고이는 물
쌓이는 눈도 있겠지만

고여도 쌓여도
조금인 것을 못 참을까

그대로 가야 하는
열차만의 머나먼 길

굴속으로 들녘으로
땅만 보고 가는 길

멀어도 가까워도
투정 없이 가는 길

밤이 있고 낮이 있나
어둠 뚫고 가는 길

비가 오나 눈이 오나
달려야만 하는 길

두 갈래에 녹슬어도
닦을 수 없는 길

어느 누구의 하루가
이 열차에 몸 담았나

누구의 인생을
이 열차에 비교 할까

누구의 일생이
곧았다고만 할까

누구의 일생이
깨끗하기만 하다 할까

알 수 없는 짧고 긴 날
그 운명을 누가 아나

곧았어도 휘어지고
두 갈래도 되는 길

돌아 보아야 느끼는
운명의 그 길인 것을

낙엽의 밤

밝은 한낮이나
어둠의 밤이나

낙엽은 그렇게
떨어져야 했다

바람의 굴림도
밤낮이 없었고

쌓이는 장소도
그렇게 그랬다

그 냇가

굽어 흐르는 고향 냇가
곧으면 곧은대로
봇물 가득 담겨 있고
논으로 들어가는 작은 도랑은
송사리 떼 노니는
송사리의 고향이었다

건너는 징검다리
상여 지나던 징검다리
봄이면 빨래터에
달래 냉이 씻었던 곳
여름 아이들 물놀이 하며
고기 잡이 하던 곳

가을이면 그렇게
김장 무 배추 씻었고
서로 씻겠다 하며
말 다툼에 수다 떨던 곳
중풍의 시부모 빨래 거둬
몰래 숨어 빨아야 했던 곳

냇둑의 그 인연
변함 없어라
둘만이 아는 그 인연의 밤
쏟아지는 그 많은 별
달 뜨는 밤이면
그 달 속에 기와집 짓지 않았나

버림 받은 그 시절
실가닥의 그 먼 옛날
겨울이면 그 하얀 눈
징검다리에 수북 했고
초가의 저녁연기
참새 불러 모았다

가을 끝무리

사람의 시간이나
자연의 그 순서나
쳇바퀴에 얹어진
순리의 법칙이 않인가

먹구름 몰리더니
비 바람 불어대고
젖는 잎 무거워
놓을 수 밖에

그것도 그럴 것이
때 맞춤의 시간일까
이리도 쉽고 쉬운
그 잠깐일 것을

걷힐 구름에 맑은 하늘
햇빛이 필요한가
얼어붙을시간이니
그 시간이 모자라나

늦 가을의 초겨울
손 담근 물 차갑고
추워 움추리니
하늘이 시렵다

북망산천

이승의 끝은
그 백 년인데
가보지 않은
저승의 끝은
안 가보아 모릅니다

끝이 있다면
몇년이 될까요
그 몇년 지나면
다시 올 수 있나요

백년도 못 채우고
꽃상여에 오른 길
두고 가는 이 많은 것
언제 다시 보나요
여보게 상여 꾼 쉬었다 가세

결혼식의 하늘

길러 준 아들아
보내 준 며느라
두 번의 행복은 없다
그리고 그 비교에 속지 마라

두 번의 그 행복
유혹의 그 비교
그 두번은 속임의 것이고
유혹 또한 욕심의 것이란다

아직은 모른다
더 있어야 안다
그때 되면 너의 세월이
이 오늘을 읽어 줄 것이다

겨울 길목

그 서릿발에
들어선 겨울 문턱
이제 이 가을 마저
떠나야 하나

돌뿌뎀이의 들국화
접는 꽃잎 시들고
그 향기 언제더냐
시들어 말라간다

한때는 그 향기에
벌 나비 찾았는데
그 며칠의 이 언덕
무엇이 찾아 줄까

해 기우는 양지녘
찬 바람 불어 오고
석양의 언덕배기
하루가 저문다

계절의 꿈

싫어서 보낸 계절
좋아서 안은 계절
싫어도 안은 계절
좋아도 보낸 계절

옷 두서너번 꺼내
몇번에 다 보냈나
날궂이에 비온 날
그날 마저 빼면은

기억의 그 많은날
헌 옷만 입었었고
더워서 얇았던 옷
두꺼워도 더 춥다

답

세상은 어느 한 쪽이
기울어야 돌아간다

세상은 어느 한 쪽이
기울어야 살수 있다

세상은 어느 한 쪽이
기울어야 존재 한다

세상은 어느 한 쪽이
기울어야 보존 된다

세상은 답 없는 답이
답이 될 수 있고

있는 답 그 답이
아니 될 수 있는 답이 된다

사람이 만드는 답
그 답은 모두가 그 세월 앞 틀린 답이다

배추밭의 달

늦가을의 11월
그 그믐의 11월 밤
한낮 따놓은 배추
행길가로 져나르면
바수쿠리 작을새라
짊어진 짐 더 무겁다

지게의 달 밝은 밤
몇 짐 더 몇접 될까
이 집 저 집 두서너 집
도락구 가득 싣어 주면
어디로 가는지 달리는 도락구
오늘도 그 많은 배추를 지금도 궁금하다

파란 기억

구름이라도 지나면
이 마음 싣을 것을
저리도 아무 것 없는
파란 하늘이어야 했나

먼 허공 더 멀리
파란히 더 높고
잎 털린 나뭇가지
그 허공 바라본다

바느질의 밤

아가야 울지마라
이 밤이 길면 얼마나 길겠니
울 뒤 부엉이 잠들면
첫닭 울 것이고
그러면 먼동 트는
새벽이 될 것인데

밤새 울며 보채는 너
불편한지 부족한지
등잔불 심지만큼이나
에미 가슴도 타는구나
옷이 꿰메어지는 것이 아니라
시간이 꿰메어지고

아가야 울지마라
빈 젖에 우는 너
어디 불편한 것은 아니겠지
뒷집 아이 우는 소리
그 소리가 안 들리는구나
첫닭 울기는 아직 먼데

12월의 짐

남은 한 달
12월의 첫날인가
이 마지막날 잃으면
어느 길이 놓여질까

내린다 하면서
못 내리고 있는 짐
버린다 그 몇번
못 버리고 안은 짐

이 모두 내 것이 아닐진데
몇 년을 더 짊어질까
끝 보이는 눈 앞의 길
해 기울어 석양인데

갯바위의 꿈

그렇게 밀려 와
깎아대는 파도
다시 그렇게
얼마를 깎아 댈까

파도는 그렇게
천 만 년을 깎았고
오늘도 그렇게
또 깎는다

• 2부 •

항구의 이야기

저 들어오고
나가는 배

검푸른 밤바다
등대불이 지켜 보고

한낮의 먼 바다는
갈매기의 몫이었다

저녁이면 바뀌는
바다의 거센 바람

그 바람만큼이나
파도도 거세졌고

거세어도 그 파도
항구 문을 못 찾았다

인생의 바다

밤 낮 없는 그물질
그 그물 안 고기나
세월 안 이 인생이나
빠져나가지 못한 세월
그 무엇이 다를까

걸려든 이 고기
내가 떼는 이 고기
나는 누가 언제쯤 뗄까
세월 읽는 갈매기의 울음
그 투정은 파도가 대신 하였다

두 번의 미련

나서는 문밖
가을도 아니고
그렇다고 해서
겨울이라 하기에
얼마 있어 더 추워질까
늦 가을이 조금 섞인 초겨울 여행

보는 것 마다
쓸쓸히 보이고
먼 산을 보아도
가을의 흔적만 있을뿐
겨울 여행이라하기에 좀 그렇다

그래도 갈 곳
어느 곳 찾을까
추억의 그 바다
옛 바닷가 찾아 갈까
그 백사장 찾아 다시 걷고 싶다

12월의 하늘

볼 수록 먼 하늘
마음이 멀어 그런가
그려지는 그 옛날
하늘이 시렵고
산도 그 산 더 시렵다

그 앞산 산마루
추위에 떨던 그 옛날
뱃속에 죽 한 그릇
인생이 시렵고
그 양지녘 찾았던 날

바람 막이 볏짚
몇 단 쌓아 막았었나
구름에 가려지면
그마저 헛된 일
홋껍데기의 그 양지

별 잃고 떨던 날
아궁이불 그리운 집

무엇이 저녁인가
허기의 뼈 아픔
먼 산 위에 올려진다

달력의 계절

그 그림에 묻혀간
1년의 그 많은 날
어느새 몇주의 달
며칠 남은 1년인가
잊고 잃은 그 많은 날
달력의 그림마저
희미하게 기억 없고
찢겨나간 몇 날만
후회에 뚜렸일까
근심 맞이의 새해
어느 날이 놓여질까
보내야 하고 오는 해
나뭇가지에 걸쳐진다

그 단풍

힘들면 꿈 모아 오르던 뒷산
굴청에 찔레꽃 그리 예뻤었는데
마루턱에 앉아 내려 보노라면
파란히 보리밭 바람에 나부꼈고

그 무렵 아카시아 앞 산 마루 뻐꾹새
더 조금 지나 뜸북새 울었고
논 지나는 흰 구름 안 보이도록 바라본 산
그렇게 우거져 산새 철새 숨겨 주어었는데

그것도 며칠이 될까 들녘부터 물들이더니
산마다 울긋 불긋 논 바닥 드러나고
그 아름답다 하던 단풍이 몇 시간이었나
억새꽃 쉐던날 앞산 하늘에 해동청 매 맴돌았지

나에게 쓰는 편지

나 여기 이곳 오기를 어디에서 무엇 했나
희미하게 바뀐 일터 그 일터뿐일까
사람도 몇몇명 어떻게 다 기억 할까
내일이 있고 희망이 있었던 날
이제 저 기우는 해와 무엇이 다를까
내몸 한번 돌아보지 못하고
그 내일을 위해 희생한 세월
남고 모자람이 무엇이었나
기울어진 해 더 기울어 서산이 올려 보고
길도 아닌 길이 번갈아 바뀌는데
흑백 사진이 말 해주는 이 몸뚱이는 안 그런가
보는 거울 씻고 닦아 투정으로 보는 모습
더 무엇을 비춰 보고 어느 세월을 원망하랴
나 아닌 이 나의 모습 나만이 아닐까
흰 머리에 몸과 마음 그 속내의 나의 모습
다시 나를 보아도 내가 아니다
어디에서인가 나를 불러 주는 것 같은 나
나 아닌 내가 이 땅 어디에서인가 존재 하는 것 같고
더 욕심이 있다면 나를 기다리지 않았는지
그렇다면 나의 그 길도 지켜 보았을 것이고

외롭고 괴롭고 슬픔 안은 그 웃음
고된 삶의 꿈 속에서 바라보았나
꿈이라도 힘들었다 위로 한마디 왜 없었나
때 잃은 나 아닌 나 여기 이곳이 어디인가
나 여기에서 무엇 하나 무엇을 보고 있나
누구를 기다리는 듯 기다리는 나 그 나는 누구일까
언제인가 만나는 날 나 만나는 날
그 나에게 많이 힘들었다
많이 고달펐다라고 말 하고 싶다

외딴집 하늘

산자락 그 외딴집
기울어진 그 움막
사는 이에 하늘도
모두가 하나였고
들여다 본 부엌에
솥 하나 걸렸었다

너덜대는 꺼적 문
문 하나의 그 방안
반세기 전 그 움막
마당은 있었을까
문앞 풀숲 수북히
낙엽 몰려 쌓였고

눈물 떠 밥 짓는이
물어보고 불러도
아무 대답 없었다
기억의 그 반세기
그래도 해 기울면
저녁연기 올렸다

서쪽 하늘

하루를 모아 물들인 시간
시간이 모아지면 저리 물드는것인가
서산에 걸친 구름 더 붉게 물들고
물들이지 않은 바람 오늘을 지운다

지워지는 이 하루
이 하루에 오늘만 들었겠나
빠르기도 빠른 세월 옛날도 들어 있고
고된 삶의 먼동 닭 울음도 들어 있다

내일 다시 여기에 오면
저 붉은 저녁 노을 또 볼 수 있을까
나뭇가지 사이로 지워지는 그림들
아쉬움에 돌아서니 저녁바람이 데려간다

석양의 동무

동무들아
멀리 가까이
그려보는 얼굴마다
더 멀어지고
그 모습들 하나 둘씩
흐린 세월이 가리는구나

가까이는
우리들의 곳
그 나무에 걸쳐지고
때라 하더니
그 말이 이때인가
아니면 마음이 그러한가

작년 보다
더 멀어지는
실오라기의 그리움
허공의 먼곳
가느란히 더 멀고
끊겼다 이어지는 얼굴

다 흐려져
어떻게 찾지
멀어지면 다 그런가
가닥이 없어
찾아 잇는 이마음
어떻게 해야 다 찾는거니

동무들아
우리 만나면
사진 찍어 꼭꼭 묶자
저무는 한 해
그 시절이 그리워
나 앞 냇가 여기에 와 있어

세월의 그림자

아직도 가슴의 노을
지워지지 않아
띄워놓은 고무신
그 노을 바라본다

고무신에 담긴 고기
놓아 주니 좋아라
그리 빨리 숨어드는지
손 물린 가재 뚝 떨어지고

바위에 앉아
바라보는 들녘
뜸북새의 벼 잎새
무엇을 가르치나

먼 들녘 바라보며
인생을 배우던 날
앞 냇가의 버드나무
세월을 가르쳤다

나뭇가지의 그리움

걸칠 것 없는 허공
빈 허공의 나뭇가지
무엇을 기다리나
한겨울 파란 하늘
쓸쓸히 더 멀고
작아지는 그리움
저 멀리서 다가온다

따개비

차갑기도 차갑고
춥기도 추운 바다
크고 작은 바위마다
얼마나 추울까

파도가 끼얹는 물
하얗게 부서지고
양지 잃은 갈매기
먼 바다로 날아간다

그 곳은 안 추운가
두 세겹 겹친 파도
바람까지 거세지니
멀리서 온 성난 파도
더 거칠게 몰아치고

들어 오는 고깃배에
뒤 따르는 갈매기 떼
마중 나간 그 갈매기
만선 따라 들어온다

거미의 삶

석양의 저녁이면
이리 저리 걸치는 줄
이 곳에서 저 곳으로
저 곳에서 이 곳으로
보기에는 엉성해도
사이 간격 촘촘하다

날벌레의 저녁 시간
활동의 그 시간을
어찌 그리 잘 아는지
크고 작은 먹잇감
무엇이 걸려들어
먹잇감이 될까

웅크리고 기다리는
거미의 기다림
한 끼니 거미의 시간
또 하루의 밤이 된다

세월의 양지

바라보는 산과 들
언제 여름이었더냐
다 털어버리면
저리 홀가분할 것을

물건 같아 내놓으니
누가 집어 갈 것인가
항아리의 물이니
　아 버릴 것인가

놓아 두지 못 하고
버릴 수 없는 마음
왜 쥐고 짊어지며
무엇을 기다리나

욕심의 것도 아니면서
쌓여만 가는 내일
한겨울의 양지녘
하루가 저문다

파란 겨울

한때는 파란히 실바람에 춤 추었고
앉은 새 숨겨 주며 그리 좋았었는데
지나는 이 그늘 되어 쉬어 갔었고
어느날 이슬 방울에 숨었던 찬 바람
그 바람이 세월인 줄 어찌 몰랐었나
아침 저녁이 다르고 그 이슬 밖으로 나오더니

안 보이는 그늘 지어 모두를 접게 만들고
그 다음 더 차갑게 더 차갑게
이두 저두 모두 버려라 물들여놓지 않았나
서릿발로 털어 내어 굴리다 모아 놓고
그것도 모자라 다시 파헤쳐 모는 바람
끝이라는 이름 붙여 눈 뿌려 덮었고

아내의 송년

여보
한해가 가늘게 밟혀
달력의 그 많은 날 며칠로 적어졌고
그 처음 처럼 그 모습 다 어디 갔나
나의 거짓에 붙들려 속아온 세월
속았어도 팔자려니 당신은 그대로 받았지
그 운명 앞에 당신과 나 그렇게 살아 왔고
때로는 투정에 내가 어떻게 했나
그래고 싶어 그랜 것이 아닌 나
나인들 그 마음을 어찌 모를까
아이들 기르다 보니 그 처음이 멀어졌어
속으로 미안한 마음 당신도 읽어 주지 못 했고
나 또한 그 마음에 서운 했었지
이제 그 세월 마저 놓쳤으니 어떻게 하겠나
다시 돌려놓을 수 있다면 용서를 빌고
처음의 그 꿈으로 다시 돌아 가겠네
변치 않을 꿈 그 행복 다시 꾸미면서
그러니 이제 와 어떻게 하겠나
이래도 안 되고 저래도 안 되고
놓친 세월만 원망 스럽고

그저 당신에게 미안 할뿐이네
나는 속으로 당신을 사랑 하면서도
처음의 거짓같이 표현 못한 죄
모두를 모두 용서를 비니 용서 해 주게나
이 냉정한 세상 걷다 보니 그렇게 되었어
무뎌지게 만든 세월 그 세월을 원망 할까
나의 이 핑게 변명을 받아 주게나
오늘도 까만 봉지에 무엇이 들었는지
그 봉지 안의 것이 당신의 것이었을까
비교의 그 집이일지은정 들고 들어 가는
당신의 그 뒷모습에 가슴 철렁
모두 내가 잘못 했구나 뉘우침에
그 자리에 주저 앉고 싶었네
먼 발치에서 보이는 당신 처음이었어
당신의 그 처음 그 모습이었어
오늘도 그렇게 어제도 그렇게
내일은 내가 안 그렇게 할 수 있을까
이 바라보는 마음의 마지막 장 달력의 날들이
어제도 그러더니 오늘은 더 적어지네
반대로 내 나이에 깜짝 놀래어지고

내일도 멀고 모레도 멀다면
이 나이 한 살 줄여 볼 수 있을까
주눅에 더 얹어지는 나이 파뿌리와 무엇이 다를까
느는 나무의 나이 테와 무엇이 다르고
달력의 날 적어지고 세월 가면 이런 건가
하루의 해만 기울고 저무는 줄 알었던 인생
모두 속았어 당신에게 잘못 하며 모두 속았어
안 넘겨지는 가슴의 달력
눈의 달력은 왜 이리 빨리 넘겨지는지
방문 드나들 때마다 넘겨지는 것 같고
어제 같은 새해의 그 첫장 첫 날이
이제 마지막 되어 눈에서 멀어지나
아니 멀어지고 또 한 살 남기고 떠나나
당신과 이 마음의 달력은 않그렇겠지
달력의 그림자 처음 같은 당신
나는 거짓이었어도 사랑은 거짓 안 했어
나 당신 사랑해 사랑해 그때 처럼 그렇게

그림자의 송년

벽에 붙은 마지막
열 하루의 12월이
또 하루 접어가나
몇 시간 그림자에
그 마저 며칠 될까
접지 않아도 접히는 날
다음의 날은 있는지

그 길던 시간의 그물
하루 더 조여 오고
조여지는 지난 날
그물 밖 내다 본다
내다 보면 무엇 하나
빠져나가지 못 할 것을

시간에 묻어 넘는
이 한해의 그 며칠
그 며칠이 이 열 두달
어디에 데려 왔나
그림자가 넘기는 해
시간이 끌고 간다

고향의 송년

이맘때면 언제나
밀려오는 그리움
연줄에 걸쳐지는
가느란 옛날인가
어디서 어디까지
무엇부터 떠 올릴까
물리고 물리는 날
겹쳐져 더 겹치고
그러다 끊기면
어렴풋이 스쳐간다

흑백사진 몇장으로
돌아보는 그날들
어느 곳 어디 하나
빼놓을 수 있는 흙 있나
흐려지는 얼굴들
누구의 모습을 잊을 건가
떠올리는 얼굴마다
희미하다 뚜렸하고
바다에서 산으로
가난이 두 곳이다

나뉘어지는 친구에
놀던 곳은 안 그런가
배고픈 곳 뼈아픈 곳
갯벌에 냇가에
물도 짠물 민물
하늘은 그렇게
넣은 이 눈의 것은
어찌 그리 많은지
셈 해야 셀 수 없는
두 고향의 그 많은 것

발 담근 물에서
시간을 배우던 날
구름 올려 보며
인생을 배웠다
이 두 번의 고향이
무엇을 가르쳤나
연줄에 매달리는
고향의 기억들
아련히 하나 둘
가느란히 풀려간다

• 3부 •

겨울 밤

밤 고구마의 화롯불
달빛에 눈 하얀히
울 뒤 부엉이 울음
언제 멎을까

천정 속 쥐 놀이
그 소리 끊임 없고
부엌의 쥐 설거지
그 소리는 안 그런가

담 너머 이웃 아가
보채며 우는 소리
굿 한다 소문난 집
징소리에 경 읽는 소리

다듬이질 소리 그 한몫
첫닭 울음 들리면
누렁이 소의 워낭 소리
새벽이 밝아 온다

글 읽는 밤

시절의 아픔인가
문화의 낭만일까
전기 없고 연탄 없던
촌뜨기의 아련한 시절
그 초가 굴뚝마다
저녁연기 피어 오르고

쌓인 눈에 저녁연기
밤 맞이 하는 듯
따뜻한 방 한가운데
화롯불 뜨거우니
할머니의 마실꾼
동치미 들고 모인다

우리 동네에 글 아는 이
기와집 할머니뿐
어느 친정의 부모가
학교 보내 한글을 깨우칠까
다닐 학교 없었고 공부는 두 번째
그것이 고향의 그림이었다

삶에 지친 우리 조상
그래도 겨울이면
시간 내어 마실 가고
집 이야기 친정 자랑
아이들 이야기를 어찌 빼놓을까
가마니짜기 바느질 내일로 미루고

할머니 집 찾아가
밤참 얻어 먹으니
누가 할머니네 안 찾아 갈까
할머니가 구수하게 책 읽어 주는 소리
촛불 밑 할머니의 목 소리에 울고 웃었고
시절의 그 따뜻한 정 화롯불에 담았다

사랑의 노을

우리 젊은 날
아름다웠지
그 어느 날 보다 더
그 날도 그렇게

우리 젊은 날
약속 했었지
먼 훗날 그 먼 길
함께 가자고

우리 젊은 날
우리 젊은 날
노을의 오늘 위해
슬퍼도 했었지

까치의 하늘

나뭇가지에 걸친 구름
넘어 갈 산 더 멀고
양지녘의 그림자
먼 산 꼭데기 바라본다

들어 오는 다음 구름
커다란히 음지 될까
저 구름 산 넘으면
찾아 갈 곳은 있는지

둥지 위 짖던 까치
넋 놓고 보는 산
저리 바삐 넘는 구름
여기 다시 찾을까

빈둥지 까치의 헌집
찬 바람 스며들고
애동지 까치의 꿈
새짝 찾아 나선다

저무는 경자년

숫자가 같은 경자년
2020 경자년이 이제야 떠나는가
처음부터 그리 흔들 끝까지 흔들더니
다 밟고 남긴 자리 죽음만 두고가네

남겨놓은 그 교훈들
2020 경자년을 어느 누가 잊을까
전염병에 너 나 없이 평등하다는 것을
위 아래 있고 없고 그 잘난 사람 누구요

그 누가 나는 아니요
2020 경자년에 꼭꼭 숨어 울까
옛날에 그랬듯이 보릿고개 그 병 왔나
있고 없고 잘나도 걸려 옮지 않을 것을

동지의 밤

아가야 울지마라
문풍지 운다
아직 춥지 않으니
이제 그만 멈춰다오

그믐에 섣달이면
얼마나 추울까
미뤄놓은 쌀 자루
저만큼이면 안 추울까

섣달 그믐 문풍지라
그 정월 초하루
눈 쌓이고 바람 불면
칭얼대는 우리 아가 더 추울 것인데

세월의 그 노을

왔다가 가는 세상
그것을 어찌 잊나
남길 것이 있다면
무엇을 남길 건가
남긴 것이 있다면
무엇을 남겼었고
남길 것 영원하고
남긴 것 영원할까
손 안에 잠시 머문
욕심의 것일진데
한세상 배려 없이
채우기만 했었나
욕심의 날 두 마음
지나면 잊는 마음
그 마음 어디 갔나
더 느는 욕심 눈금
가늠 되는 밤과 낮
그 하나 안 남기니
어디에 더 채울까
채워도 내 것인가

나눔 없는 그 마음
잊었어도 두 마음
내 것도 너의 것도
허공의 운명의 것
팔자가 흘리는 날
누구의 것이 될까
안 흘리며 모은 것
어디에 감춰두고
다 부질 없는 것을
깨어지는 이 손톱
종이살에 흰 머리
뼛 속에 바람드니
누가 나를 찾을까
눈 어둡고 귀 닫힌
석양에 놓인 세월
안 집히는 지팡이
쬐일 볕이 싫었나
더 멀어진 지팡이
탓 하면 무엇하나
차라리 안 잡히면

나서지 않을 것을
무엇을 더 보겠다
이 문밖 기었던가
무엇을 더 넣겠다
눈 크게 떴었던가
이 쥔 것 짊어진 것
아직도 못 내리니
늙은 몸 이 한세월
보이는 방 더 멀고
뭉치고 끌고온 몸
방 안에 가둬지네

한숨의 송년

허공의 까치 둥지
하늘 높이 쓸쓸하고
나뭇가지에 걸친 마음
서쪽 하늘 바라본다

힘들었던 날
고무신의 그 옛날
이 오늘 어제 그제
내일은 안 그런가

하나 둘 걸쳐지는
나뭇가지 위 무거운 마음
보내는 이 한해에
모두가 없어진다

송년의 거울

지나보면 그렇게
하루 해의 것인데
그 하루에 울고 웃고
그래야 했는지

아닌 줄 알면서
딛어야 했던 길
그런 줄 알었는데
아니었던 길

바램이든 아니든
삐뚤은 길이 더 많었고
그 삐뚤은 길 벗어 나려
얼마를 헤메었나

먹이 찾는 개미 처럼
안 다닌 곳 없었다
개미의 한겨울
쉼있는 개미의 겨울

그만도 못한 이 삶
어느 해에 쉼이 될까
오늘도 지는 해
힘든 하루 거둬간다

세경의 선달

선달 그믐 정월이라
며칠 남은 정월인가
주인 어른 성화에 술잔 줄이고
나무광 나무 가득 장작 패 쌓으니
머슴의 정월 맞이 이것 밖에 더 있나
마실꾼과 새끼 꼬아 몇 타래 걸어놓고
텃논에 추린 짚 이만하면 이영 엮겠지

선달 무렵 쌓일 눈
메갓은 안 쌓일까
이제 눈쌓이면 그 며칠 쉼이될까
집 다녀 온지 꽤오래 전 추석 그 며칠
방물 장수 입 소문에 어머니 편찮으시다 하던데
언제 한 번 그때 처럼 체해신 것은 아닌지
안 들으니만 못한 소문 어머니 괜찮으실까

말 안 듣는 사내 동생
말썽쟁이 계집아이
어린 동생들 잘 있는지 보고 싶기도 하고
세경도 선세경에 받아 봐야 쌀 몇가마니나 될까

고향 집 같은 이 주인 집 못 잊을 이웃 인심들

이제 집에 가면 받은 그 세경으로 끝이 되나

주인 아저씨 아짐니 내년에도 우리 집에 같이 있자 했는데

코로나19의 밤

그 옛날 어제는 내일이 있었는데
이 오늘 하루 하루는 그 내일이 없다
찾아 가니 반갑고 찾아 줘서 고맙고
찾는 일터에 술 한 잔 정다운 그 이야기들
힘들고 어려워도 얼마나 아름다웠나
나눔이 있고 내일이 있었던 날 그 희망도 있었고

어떻게 하다 이런 세월 이런 세상을 만났는지
오는 것 싫어 하고 찾아 가자 하니 부담 되는 세상
그나마 있는 정 더 멀어져 가늘어지고
끊긴 정 이으려 하니 잇기 보다 그 모습이 더 흐려진다
전염병인 코로나에 두려운 세상 전염 되면 어떻게 하나
전염 되면 누가 나를 그 나는 이웃을 어떻게 찾아 가나

하얀 거울

거울 속 이 하얀 마음
어느 흔적이 그려질까
다시 보는 이 거울 안
먼 옛날의 그날들

주눅에 보는 그날들
그 흔적이 이 얼굴일까
거울은 그대로 그 거울인데
거울이 잘못 된 듯

나 지금 무엇을 그리나
앞 냇가 뒷동산
버드나무 밖 보리밭
나 지금 무엇을 그리고 있나

삼척의 밤

밤바다
검푸른 삼척 바다
바다는 검푸른데
파도는 하얗었다

겹쳐 밀려 부서지고
다시 밀어 휩쓸고
파도는 그렇게
그 흔적을 지웠다

첫 그림자

세상은
내 눈밖에 있는 것이고

팔자는
그 몸 안에 있는 것이다

그 운명
마음의 몫이 운명이 될까

소리로 두드리며
눈으로 더듬는 길

머나먼 인생의 길
그 끝이 어디인가

누렁이 소의 추억

누렁아
네 고향 찾아 가니
너도 함께 따라 오렴
저기 저 보이는 곳은
우리 집 처음 올때
너 넘던 산등성이고
아래 쪽으로 돌아가면
질러 가는 우시장 길
너 팔리던 우시장의
그 우마답이 되겠지

송아지 띠 벗어난
코뚜레의 네 작은 소
처음에는 막 날뛰어
버릇 없다 얼마나 맞았니
그러다 배우는 일
통나무 끙게 끄는 일
그 처음 멍에 씌울때
아파서 그런지 그리 싫어 하더니
그 다음 쟁기질에

질마 얹어 짐 싣는 법

마지막으로 점잖어져
마차멍에 씌워 마차 끄는 법
그리 말 잘들어 예쁨 차지 했던 너
논 밭갈이에 쟁기질
쌀가마니 질마에 얹어
장에 가서 물건 사오는 일
그리고 마지막 마차 끄는 일
어떻게 그리도 잘 끄는지
짐 싣으면 짐싣는대로
빈 마차면 빈 마차대로

누가 가르쳐 주는 듯
높 낮으지에 굽은 길 다리 건너는 꺾인 길
돌멩이까지 잘 피해 가며 그리 끄는지
이웃의 칭찬도 많이 받았었지
장터 길 혼자 잘 찾아 가고
논 밭 갈이도 곧게 굽게
어떻게 그리 잘 알어 쟁기를 끄나

콩밭이 있어도 콩잎 하나 안 뜯고
그 좁은 논 두렁 밭 두렁 길
누가 그리 가는거다 가르친 듯

보는 사람마다 입을 벌렸지
말 잘 듣고 혼자서도 잘 하는 일
힘들때 쉬면 꽤 핀다 맞았고
식구와 함께 식구 같은 너
등에 고삐 얹으면 혼자 집 찾아 가는 너
섣달이라 추운 겨울 덕석 입혀 놓으면
그 덕석으로 안 추울까 떨기도 했었지
짚 쌓아 놓은 마당 누렁이의 마당 쉼터
짚 쌓았다 찬 바람이 안 들어 올까
먼 산 바라보며 되새김질을 즐겼지

네 누렁이 소의 저녁 밥
무엇이 저녁이 될까
사랑방 큰 솥에 여물 가득 앉히고
군불 겸 쑤는 쇠죽솥에
콩깍지 무 벌레 먹은콩 씨래기 고구마 줄기

그 다음 다 쒀지면 쌀겨 한 바가지 섞고
섞으며 젓는 그 소리 얼마나 반가운가
워낭 소리 들려 주며 바라보는 모습
구융 가득 퍼다 주면 그리도 맛있게 먹는지
누렁이 소의 그 힘든 날의 추억 워낭 소리가 읽는다

새해의 밤

그믐 날 밤 그렇게
무거운 마음이었는데
모두 다 버린다 하면서
안 버려진 마음인가
그렇게 잊고 다 버렸것만
알 수 없는 마음 다시 무겁다

뒷날 보다 더 무거운
앞날의 그 많은 날
이 밤 지나 내일이면
어느 일이 놓여질까
엎치락 뒤치락 새해의 밤
이 생각 저 생각에 둘째 날 밝아온다

초가의 섣달

춥다 하니
그 먼 옛날만큼이나
차라리 눈 내리면 포근하기나 한데
그것도 아닌 날 바람까지 불어대니

어느 한곳
얼지 않은 곳 없었고
우물둥치 장독대에 마루의 물그릇
문밖 도랑 앞 냇가는 안 얼었을까

집집 마다
그 저녁연기 오르면
헤쳐놓은 칼 바람 뒷동산 넘어가고
소나무에 스치면 소리에 더 추웠다

0의 마음

하늘은 원래
맑은 하늘인데
구름이 있어 흐림이 되고
그 구름은 바람의 도구로써
비 내리고 눈오게 하는 것이다

바다는 원래
잔잔한 곳인데
파도가 일러 휩쓸게 되고
바람이 만들어낸 그 파도는
육지를 깎는 바람의 도구였다

고향의 눈

밤새워 내린 눈
눈 소복이 하얀 세상
지붕 위 장독대에 한 뼘 더 넘을까
문밖 마당 앞마당 밟는 발 묻히고
검둥 개 좋아라 이리 뛰고 저리 뛴다

샛문 밖 그 흔적들
쥐 끌림 쪽제비 발자국
게으른 닭장 안 닭 새벽만 깨웠지
뒷곁에 웅크린체 불러야나 나올까
보이는 산 논과 밭 노루 토끼 뛰는 산

부지런한 머슴꾼
올가미 들고 나서고
햇살 가득 눈 소복이 새하얀 세상
어느 누구의 고향이 내 고향만이나 할까
하얀 눈 하얀 세상 너무 희어 눈 감겼다

쌀독

석유가 없는 나라
석유가 없었다면
깨스가 없는 나라
깨스가 없었다면

언제부터 우리가
석유 깨스 태웠나
태웠어도 그 연료
무엇으로 사왔나

그마저 못 사오면
어떻게 할 것인가
높은 집 담 있는 집
무엇 태워 밥 하나

쌀 남는다 엊그제
지금도 남고 있나
농사 지어 남았나
사들여 남았었나

아시나요 그때를
밀가루 배급의 날
부끄러운 그 역사
우리 모두 잊었나

돌아온 보릿고개
보리밭 없어졌고
그 많은 논마지기
무엇이 들어섰나

언제까지 우리가
그렇게 사 먹을까
사정 해서 팔어라
팔 것 없다 안 팔면

세 끼니 한 끼니로
어떻게 할 것인가
못 믿을 기후 변화
보장도 없거니와

준비 없는 너와 나
무엇이 끼니 될까
삼천만이 오천만
늘어난 그 밥그릇

또 굶을까 두렵다
농지 적은 이 나라
그 역사의 그날을
어찌 모두 잊을까

• 4부 •

시려운 기억

쌓인 눈만큼이나
시려운 그날들
누구의 겨울이
그만큼 시려웠을까

그 시절을 안고온
아련한 기억들
언덕에 쌓인 눈
바람이 옮겨 놓았고

뒷산 청솔가지는
지게가 옮겼다
저문 저녁이면
끓기는 저녁연기들

시간의 장난인가
추위의 알림일까
군불 더 집혀라
그 장작은 내가옮겼다

초가의 친구들

친구들아 우리에게
인생의 봄이 있었지
맞이한 그 봄도 있었고
봄이면 보리밭 개울 둑으로
진달래 개나리꽃 우리 울 뒤 복숭아꽃
더 지난 봄이면 누나들의 찔레꽃
이 봄 저 봄 인생의 봄 다 어디 갔나

그 봄 보낸 여름날
우리 어떻게 살았니
그 여름이 아니라 인생의 여름날
먹을 것 얻으려 이 마을 저 곳으로
너와 나는 무엇을 얼마나 얻었니
그 먹이 찾으려는 나 나는 그렇고
모습 흐린 너희들은 안 그랬을까

그 봄도 여름도
그렇게 잃은 세월
왔다 떠난 철새와 무엇이 다를까
보내고 잃은 세월 찬 바람 불더니

단풍 물들어 아름답다 그 며칠이던가
찬 바람에 서릿발 그 단풍잎 털어대고
지난 가을 쌓이는 눈 저녁 되니 더 춥구나

허기의 노을

나들이 닭 들어와
눈치 보는 마당
외양간 누렁이 소
누렁이 소는 안 그런가

부엌의 솥뚜껑 소리
우리들도 그렇고
문간의 검둥 개
어찌 그리 눈치가 빠른가

우리의 어미 돼지
귀도 밝구나
멀건 뜨물에 겨 한 바가지
그것이 배부른 저녁이 될까

모자라니 더 달라
꿀꿀거리는 소리
돼지의 보릿고개
안탑깝기만 하구나

어디 그것뿐인가
소리 없는 저녁연기
무엇을 말해주나
넘는 해 넘으며 흔적 지우니

멀건 김치죽
그것으로 저녁 끼니
내일은 그 꽁보리밥에
된장찌게가 될 것인데

어머니의 파도

들어오고 나가는 물
언제가 끝이 될까
파도만이 아는 밀물과 썰물
갯바위 모래 뭍
밀물에 차오르니

들어왔다 나가는 시간
그 시간이 되려나
갯벌 드러나면 할 일이 많은데
바지락에 농발이
낙지마리나 들어 있을 것이고

따다 남은 굴바구니
마저 채울 시간이 되려는지
그래야 오는 장날 사람 구경 할 것인데
물때 기다리는
어머니의 바쁜 마음

주섬 주섬 이것 저것
더 무엇을 챙겨야 하나

변또 반찬에 깍뚜기 감자좀 넣어 갈까
바라보는 갈매기
썰물 따라 멀어진다

하얀 그리움

조용히 하얀 세상
내린 눈 밟으니
처음 그날 그 소리 같고
걷는 길 소복이
먼 옛날 읽어준다

그때 둘이 모은 눈
얼마나 모았었지
두 덩어리 세 덩어리
누구의 눈이 더 많을까
호호불며 굴려온 눈

그 투정에 너무 적다
함께 굴려 더 모았고
적어진 나의 눈
그 덩어리 어떻게 했지
하얀 세상 그 눈사람

지금도 기다릴까
둘이서 홀로 두고

뒤 돌아 오던 날
마주 보는 우리의 눈
쌓인 눈의 그 눈도

모두가 하얀히
우리의 마음도 그랬었지
눈밭에 두 글자
마지막 하나 더
그 글자는 내가 써놓았고

동무의 섣달

이맘때의 섣달이면
눈도 많이 내렸고
춥기도 무척이나
그리 추웠던지

옷 얇아 그랬나
양지도 그 잠깐
바람까지 날카롭게
옷깃에 스며 들었고

늘 찾았던 짚까리
그 짚단 얼기설기
바람막이 해놓으면
쬐는 볕 따뜻하니

바라보는 먼 산 위
까마귀 매 맴 돌았고
바람 부는 곳마다
시려운 일기들

그 일기가 어제일까
아니면 오늘일까
잃어버린 동무의 얼굴
그 양지 찾아간다

선달의 봄

선달이라
이 선달 지나면 그 정월인데
못 볼줄 알었던 그 정월인가
그 많은 날 그 고생 모두 저물고
하루 일 년 다르게 쇠약해지는 몸
몇 번의 정월을 얼마나 볼까

늙은 눈치
이제 그 눈치를 몇 번 보이고
말을 하면 참견 한다 하는 소리
그 말도 이제 망령으로 돌리는 놈
법이 있어 보약이지 그 약이 보약인가
그 첩약 그만 두고 망령이라 하지 마라

이 마루 끝
뭉쳐진 몸 끌고 기어 나가도
춘삼월의 봄을 꼭 볼 것이니
귀찮어도 그때까지 모두 참어 다오
저 추녀 끝 날 저물어 고드름 굳듯
이 몸도 그때 되면 굳을 것이니

섣달의 비

흉년을 알리는
섣달의 비가 될까
눈 수북히 쌓여야
겨울 잠이 될 것인데

과수는 그렇고
정월 보름 지나면
논 밭을 어떻게 하나
해충 또한 더 많을 것인데

논 두렁 밭 두렁
쥐불 놓기는 하는데
봄부터 가뭄 오면
그 물을 어서 끌어오지

비 내릴때 비 오고
눈 내릴때 눈 내려야
흉년이든 풍년이든
쌀 가마니나 건질 것인데

그 양지

찾았던 여름 그늘
바람 불어 시원 했고
여름의 겨울 양지
구름 들어와 더 추웠다
바람이라도 불면 어쩌나
저 큰 구름 비켜 서면 저녁이 될 것인데

시원 했던 여름날
뜨거웠던 그 양지녘
이 추운 날 그 양지
바뀌면 다 그런 건가요
홋껍데기의 그 추운 양지
해 감추는 구름 보며 저녁연기 바라보았다

볼 수 없는 고향 되고
흐릿한 그 봉우리 하나
나머지는 흔적 조차 찾을 수 없다

고드름의 일기

먼 산 보다 더 높은
까치집 쓸쓸하고
지붕에 쌓인 눈
눈물 흘린다

장독대에 소복이
두레박에 가득히
빗나간 햇살에
언제 녹을까

추녀 끝 저녁 나절
그 하루를 거두고
자라는 고드름
석양이 짧다

고향의 그림자

날마다 보는 하늘
이 몸이 다녔다면
어디를 얼마나
얼마만큼 다녔을까

보이는 저 높다 하는 산
저 봉우리 한 번
못 딛어 보았고
그저 산이려니 바라보던 산

때 되어 다닌 곳이라고는
그 기슭 골짜기
그 곳만 그렇게
오르내렸고

앞 뒷산 들녘
그 곳은 날마다
얼마를 다녔었나
다람쥐 쳇바퀴의 생활 않인가

이제 그마저도

절기의 계절

달력 안의 그날들
문 밖은 안 그런가
그저 하루 해에 얹혀
시간에 끌려온 날
어느 절기인들
안 짚을 절기 있나

관심이 없으면서
곁눈으로 보는 절기
그 절기 바라보며
입은 옷 만져 보고
아직은 아니어도
옷장문 열어본다

고향은 절기 짚어
씨앗 넣고 거두는데
타향의 절기는
옷차림이 모두일까
추워 입고 더워 벗은 옷
참어 가며 절기를 따라야 하나

느낌으로 보면
계절을 따라야 하고
절기로보면 그것도 아니다
이 것도 저 것도 눈으로 보는 계절
절기에 숨은 계절
두른 옷 바라본다

까치의 선달

지붕 위 하얀 눈
선달 그믐 이맘때면
할 일이 많은데
좋다 하는 아이들
무엇이 저리 좋을까

아이들은 멀고
어른은 가까운 설
설 준비에 이것 저것
어떻게 다 마련 하나
있는 집 없는 집

아이들 가슴에
못 박히는 선달 그믐
칭얼대고 투정 하면
설빔으로 달랬것만
오늘도 죽 한 그릇

아이들이 뭐 알겠나
가까운 어른의 설

저녁연기에 섞이고
다가 오는 섣달 그믐
막둥이의 꿈 안겨 준다

외로운 선달

동지 지난 섣달 그믐
수수깡 울 바람 소리
문풍지에 서럽구나

나 찾는 이 누구요
누가 나를 부를까
팔자에 없는 아이

그리 먼저 혼자 가니
이 꼴 보기 좋구나
자식 하나 못 얻고

혼자 남은 이 신세
늦게라도 하나쯤
생겼어야 하는데

늙으면 소식 끊나
촌수 가린 일가 친척
그 마저 끊긴 소식

팔자라 하더니
나를 두고 한말인가
이 운명 이 신세

두치 건너 늙은 친정
오던 소식 아니 오고
알면서도 기다리는

오늘이 또 그믐인가
자정 넘어 새벽이면
첫 닭이 울 것인데

잠 안 오는 그믐 밤
초하루면 무엇하나
이런 세월 그 수십 년

겉으로는 아닌 척
표정 바꿔 보인 웃음
날마다 보는 이들

이 마음 헤아릴까
엊그제 잘 가거라
잘 하고 잘 살거라

보따리 안 보자기
베보자기에 쌓아 보낸
그 부적이나 알려나

수양 딸 의붓 운명
산 모퉁이 돌아 설때
우리 이웃 구경난네

팔자에 운명 없어
홀아비에 맡겨진 몸
오늘도 그 찔레꽃
옛날 찾아 가자 한다

섣달의 백년

멀다 하는 북망산천
그 곳이 어디더냐
뭉쳐 끌고 나간 문밖
보는 앞산 더 가깝고
바람에 웅크린 몸
세월에 시렵구나

저 앞산 눈 녹으면
춘삼월이라 하는데
이 정월 이월이면
그 눈 다 녹을까
귀 닫혀 보는 식구
그 눈치에 서럽구나

기억의 바다

못 잊을 고향 바다
외갓집 섬 나 자란 섬
눈에 어린다

파도소리 언제였나
밀물에 썰물
갯벌 드러나면

게 눈치 나의 눈치
마주 보는 눈치 싸움
누가 이겼었지
그 모래성 누가 허물고

포구 언덕 해당화
가냘피 여밀때면
어머니 물 때 맞춰
굴바구니 들었고

어머니 뒤 따르며
굴바구니 받아 들었던 나

그 바구니에 고무신 벗어 넣고
맨발로 갯벌 향해
힘차게 뛰어 갔다

섣달의 구름

춥던 며칠이
봄 같이 따뜻 하고
섣달도 기울어
그믐이 다가 온다

이 그믐 지나면
초하루에 보름인가
그러면 그 며칠 후
봄 소식 들려 오고

하루가 긴 것인지
일년이 짧은건지
절기 안의 그 많은 날
달력 따라 넘겨지니

구름 지나 가는 듯
흘러 가는 시간
빠르다 하는 일 년
또 한 달이 지워진다

마음의 노을

세월은
몸 밖 눈과 귀의 것이요

팔자는
그 몸 안 시간의 것이다

그리고
운명은 알 수가 없다

어머니의 섣달

며칠 있어 정월일까
그믐에 초하루라
더 있어 두 일레면
정월 보름이고

걱정 되는 그믐의 일
한편으로는 반갑고
음식 장만에 아이들 옷가지
흰 빨래에 바느질
이 일을 다 언제 하나

다락에 모아둔 가을 걷이의
팥이며 콩 녹두에 동부
참깨 들깨 들깨는 기름 짜야 하고

띄워놓은 누룩에
술은 안 담겠나
그것 말고도 엿에 식혜
흰떡까지 언제 다 만들어 오나

민들레의 양지

이제 또 한해가
봄날에 그 여름도
여름의 이 가을도
꽃으로 단풍으로
그렇게 물들이더니
다 버리고 찾은 겨울

더 깊어 동지 섣달이면
얼마나 더 추울까
낙엽 굴려 모은 바람
더 추워라 파헤치고
파헤쳐진 그 낙엽
구를 방향 잃는다

뜨락의 양지

초판 1쇄 발행 2023년 8월 14일

지은이 이원문

펴낸이 임병천
펴낸곳 책나무출판사
출판신고 2004년 4월 22일 (제318-00034)

주소 서울시 영등포구 신길3동 325-70 3F
전화 02-338-1228 **팩스** 0505-866-8254
홈페이지 www.booktree.info

ISBN 978-89-6339-718-4 03810